वो सात साल

...

EK PREM KATHA

सचिन चंद्रकुमार नरवडिया

हर एक अधुरे प्रेम को समर्पित ....

शुभा-मेरी धर्मपत्नी को समर्पित

क्रम-सूची

भूमिका

इस वास्तविक कहानी को पुस्तक के रूप में संकलित करने का विचार मेरे मन में कई वर्षों से था। समाज द्वारा सच्चे प्यार की हत्या कैसे की गई, इसकी एक कहानी। जतिन इस कहानी का नायक है जो हमेशा लड़ता है और कभी उम्मीद नहीं खोता। हमें भी उनके जैसा होना चाहिए क्योंकि आशा ही एक ऐसी चीज है जो हमें फिर से शुरू करने, गिरने के बाद फिर से खड़े होने में मदद कर सकती है। हम प्यार में पड़ना शब्द का उपयोग करते हैं। यह सही नहीं है। यह प्यार में वृद्धि होना चाहिए।

कहानी भावनाओं से भरी है और मैं संपादक श्री. सुंदरराजन, जिन्होंने समय-समय पर कहानी को बेहतर बनाने में मेरी मदद की और अंतिम उत्पाद अब आपके हाथ में है। मैंने अकेले ही यात्रा शुरू की थी। रास्ते में कई लोग मुझसे मिले और अब मेरे पास मेरा समर्थन करने वाला एक समूह है।

यह किताब आपको प्यार, संघर्ष और ब्रेकअप की एक भावुक यात्रा पर ले जाएगी । यह पुस्तक इस कहानी की नायिका सांचल को समर्पित है

सभी दृश्य हृदय विदारक हैं। लेकिन चरित्र का परिवेश एक अनूठा गुण है जो चरित्र को सबसे विशिष्ट स्तर पर बनाए रखता है। कहानी युवाओं के लिए एक निश्चित लक्ष्य निर्धारित करने और मजबूत दृढ़ संकल्प और महत्वाकांक्षा के साथ गति की अपनी जीवन धारा से गुजरने के लिए प्रेरणा की एक सच्ची भावना है। मुझे वास्तव में प्यार और भावनात्मक कथा का सार पसंद आया जिसका उल्लेख लेखक की कलम के माध्यम से यहाँ किया गया है।

आमुख

इस पुस्तक में एक मार्मिक कहानी हैं जो आपके अंतर्मन में बसेगी और आपको कुछ सोचने पर मजबूर करेगी | आप इस कहानी का आनंद ले आपको यह पसंद आएगी इसका मुझे विश्वास हैं | कहानी कभी तेज़ तो कभी धीमे चली हैं | आपके समक्ष इस कहानी को प्रस्तुत करते हुए मुझे गर्व हैं |

1

रिश्ते के टूटने का दिन

करीब सुबह के 6 बजे थे। वह एक खूबसूरत सुबह थी। उगते सूरज के साथ प्रकृति मुस्कुरा रही थी। जतिन बिस्तर से उठने ही वाला था। उनके पास सांचल का फोन आया। उसने उसे अपने मोबाइल पर बुलाया। उदास स्वर में, उसने उससे पूछा: "क्या आप कल सुबह 11 बजे सदर में मुझसे मिल सकते हैं?"। सदर मध्य भारत में नागपुर का एक इलाका है। यह शहर अपने संतरे के लिए पूरे भारत में प्रसिद्ध है।

जतिन समझ गया कि उसने उसे क्यों बुलाया। वह उससे क्यों मिलना चाहती थी। वह नहीं जाना चाहता था। लेकिन, उसके पास कोई विकल्प नहीं था। वह नहीं कह सका। उसे जाना पड़ा। वह उससे मिलने के लिए राजी हो गया।

अगली सुबह, जतिन उठा उसकी आँखों लाल थी और हृदय दुःख से भर गया था । वह धीरे धीरे तैयार हुआ , उसकी माँ ने नाश्ते के लिए पोहा बनाया था। वो उसकी पसंदीदा डिश है लेकिन वह खाने के मूड में नहीं था। उसने बस उसे अपने गले में भर लिया और एक कप चाय पीकर वो बाहर गया और उसने अपनी बाइक स्टार्ट की और अपनी मां को बताया कि वह लगभग एक या दो घंटे में घर लौट आएगा।

ठीक 11 बजे जतिन सदर जब पहुंचा तो कुछ मिनट बाद सांचल भी आई । वह अपने लूना स्कूटर में आई थी। हमेशा की तरह उन्होंने सलवार सूट और सफेद समर कोट पहना था। उसका चेहरा दुपट्टे से ढका हुआ था। केवल आंखें दिखाई दे रही थीं। सदर, नागपुर उनके पसंदीदा मीटिंग पॉइंट्स में से एक है। सांचल का जन्म सदर के एक नर्सिंग होम में हुआ था और उन्होंने अपने प्यार के समर्पण में यह योजना भी बनाई थी कि उसकी भी वहीं डिलीवरी होगी।

लेकिन, उस सुबह दोनों बेहद ही दुखी थे । उसने उसे सूनी आँखों से देखा । उसकी आंखें खून सी लाल थीं। लगता था, वह पूरी रात रोती रही। इससे पहले कि जतिन कुछ कहने के लिए अपना मुंह खोल पाता, उसने उसे अपनी बाइक पर वापस आने और उसके पीछे चलने के लिए कहा। वे लगभग आधे घंटे तक सांचल को आगे और जतिन के साथ चले और जब वह हाई कोर्ट की इमारत के पास रुके ।

चूंकि रविवार का दिन था, आमतौर पर व्यस्त क्षेत्र बहुत शांत था। इमारत एक चौड़ी सड़क के किनारे थी जिसमें पेड़ों की एक कतार थी जो इसे दो हिस्सों में विभाजित करती थी। उन्होंने अपने वाहन सड़क किनारे खड़े कर दिए। जतिन जानता था कि क्या आज होने जा रहा है।

लेकिन, वह चौंक गया क्योंकि जब उसने अचानक घोषणा की, "यह हमारी आखिरी मुलाकात है। हमारे बीच सब कुछ अब खत्म हो गया है"। यह सुनकर जतिन के आँखों के आगे कुछ पल अन्धेरा सा छा गया |

इससे पहले कि जतिन कुछ बोल पाता, उसने आगे कहा, "तुमने मुझे इतने सालों में जो उपहार दिए हैं, मैं उन्हें लौटा रही हूं। मैं तुमको फिर कभी नहीं देखना चाहती चाहे तुम मर भी क्यों न जाओ फिर भी नहीं ।"

वह अटल थी, अजेय थी। अपने होठों को कांपते हुए, उसने घोषणा की, "मैं भगवान से वादा करती हूं कि जब तुम मरोगे तब भी मैं तुम्हारे चेहरे पर नज़र नहीं डालूँगी "।

आँसुओं से भरी आँखों, उदास हृदय, व्याकुल मन और व्याकुल शरीर के साथ, जतिन चुपचाप खड़ा रहा और केवल उसे देखता रहा और उसने उसे एक कैरी बैग दिया जिसमें कुछ ऑडियो कैसेट, एक ब्रेसलेट और कुछ तस्वीरें थीं। वह उसे सड़क पर अकेला छोड़कर चली गई।

इस मुलाकात से पहले, सांचल कई दिनों तक रोती रही थी, और इसने उसे अब इतना मजबूत कर दिया था कि वह सब कुछ तोड़ सके।

जतिन घर लौट आया और अपनी पहली मुलाकात और अपनी प्रेम कहानी के बारे में सोचने लगा जो कई उतार-चढ़ाव के साथ सात साल से अधिक समय तक चली।

सांचल एक शांत लड़की थी। पतला। संकोची। एक ठेठ भारतीय लड़की। उनकी सादगी ने जतिन को उनकी ओर आकर्षित किया।

उनका प्यार तब और खिल उठा जब जतिन विज्ञान में स्नातक की पढ़ाई कर रहे थे।

उन दिनों शाहरुख खान अपनी रोमांटिक फिल्म 'कुछ कुछ होता है' (केकेएचएच) की रिलीज के साथ फिल्म देखने वालों के दिलों की धड़कन बनने लगे थे। केकेएचएच की रिलीज से दो साल पहले जतिन ने सांचल से मुलाकात की थी। उसने अपने कॉलेज में बीएससी पाठ्यक्रम के दूसरे वर्ष में प्रवेश लिया।

जतिन भारत में अपनाई जाने वाली जाति व्यवस्था के तहत 'अन्य पिछड़ा वर्ग (ओबीसी)' श्रेणी से संबंधित थे, जबकि सांचल एक 'ब्राह्मण' था और उसका दोस्त आनंद जो उसके घर के पास रहता था, एक 'अनुसूचित जाति' से था। ब्राह्मण सामाजिक पदानुक्रम के शीर्ष पर हैं, ओबीसी कहीं मध्य में और अनुसूचित जाति सबसे नीचे हैं।

कक्षा में तृप्ति, भुवनेश्वरी, श्वेता, अरमीत, शोबी, शार्दुल और भी बहुत कुछ थे। हालाँकि, यहाँ जतिन, सांचल और आनंद का परिचय देना ज़रूरी है क्योंकि कहानी उनके इर्द-गिर्द घूमती है।

कहानी पहले शुरू होती है, 1995 में, जब जतिन ने 12वीं क्लास सेकेंड डिवीजन से पास की थी। वह सदमे में था। उनसे बेहतर स्कोर की उम्मीद थी। वह तय नहीं कर पा रहा था कि जीवन में आगे क्या करना है। मेडिकल कोर्स में पेड सीट के लिए घर पर पैसे नहीं थे, जहां उन्होंने पहले ही अपना नाम शॉर्टलिस्ट कर लिया था। काफी बहस के बाद यह तय हुआ कि वह बैचलर ऑफ साइंस का कोर्स करेंगे। उन्होंने अपने घर के पास सिंधु महाविद्यालय में प्रवेश लिया।

पहले वर्ष में उनका पूरा ध्यान एमबीबीएस कोर्स के लिए प्री मेडिकल टेस्ट को क्रैक करने पर था। इसलिए उन्होंने बीएससी के अपने प्रथम वर्ष के अध्ययन पर अधिक ध्यान नहीं दिया। उन्होंने कई पीएमटी की कोशिश की लेकिन कहीं भी चयन नहीं हो सका। बहुत सोचने के बाद, उन्होंने चिकित्सा के लिए प्रवेश परीक्षाओं को रोकना और अपनी बी.एससी की पढ़ाई पर ध्यान देना शुरू करने का फैसला किया। 'हाथ में एक पक्षी झाड़ी में दो के बराबर होता है'।

दूसरे वर्ष की शुरुआत में उनकी कक्षाओं में कुछ नए दाखिले हुए। तीन लड़कियों का एक समूह था - तृप्ति, श्वेता और सांचल । वे अपने में ही रहे और जतिन अपने दोस्तों आनंद, संदेश और अन्य लोगों के साथ व्यस्त था। वे सभी विषय क्षेत्रों के विभिन्न समूहों के छात्र थे। जतिन माइक्रोबायोलॉजी-बायोकेमिस्ट्री पढ़ रहे थे; सांचल माइक्रोबायोलॉजी-बॉटनी जबकि आनंद माइक्रोबायोलॉजी-जूलॉजी। सभी के पास सूक्ष्म जीव विज्ञान और रसायन विज्ञान के समान विषय थे और इसलिए इन विषयों में सभी की कक्षाएं एक साथ आयोजित की गईं। तो उन कक्षाओं में जतिन सांचल को रुक-रुक कर देखा करते थे। जब सांचल और आनंद पास में ही रह रहे थे तो वे एक साथ आने लगे। लड़की होने के नाते सांचल भी आनंद के साथ आने में खुद को सुरक्षित महसूस कर रही थी। दोनों अपनी-अपनी साइकिल से आते थे।

एक दिन जब कॉलेज में आनंद और जतिन अध्ययन के लिए अपने जीवन संघर्ष पर चर्चा कर रहे थे और आनंद ने कहा, "जतिन ने 12 वीं के बाद डेयरी प्रौद्योगिकी में अपना डिप्लोमा पाठ्यक्रम पूरा किया और फिर इस बी.एससी पाठ्यक्रम में शामिल हो गया। मुझे सांचल नाम की वह लड़की बहुत पसंद है लेकिन मुझमें इतनी हिम्मत नहीं है कि मैं उसे अपनी भावनाओं को व्यक्त कर सकूं।"

अब, आनंद के लिए जतिन को सांचल के बारे में और उसके लिए अपने प्यार और स्नेह के बारे में कुछ बताना दैनिक दिनचर्या बन गया। एक दिन आनंद ने जतिन से कहा कि वह पूरी रात सो नहीं पाया और वह सांचल के बिना नहीं रह सकता। अंत में जतिन ने सांचल से बात करने और उसे आनंद के प्यार के बारे में बताने का फैसला किया।

ठीक एक दिन शाम को जैस सर की केमिस्ट्री की क्लास के बाद जब सभी छात्र क्लास से चले गए और सांचल गलियारे में एक दीवार के पास अकेला खड़ा था, जतिन उसके पास गया और उससे बात करने लगा।

उसने उसे अपने बारे में बताया: कि उसकी एक बड़ी बहन और एक छोटी बहन है। उनका कोई भाई नहीं था। उसके पिता एक बैंक में क्लर्क थे। अपने परिवार में अपनी बहनों की तुलना में बचपन से ही उन्हें ज्यादा ध्यान नहीं दिया जाता था।

जतिन के साथ भी ऐसा ही था, क्योंकि जतिन के घर में भी किसी को परवाह नहीं थी कि वह क्या कर रहा है और उसकी दो बड़ी बहनों और एक छोटी बहन की तुलना में उस पर कम ध्यान दिया जाता था।

इसलिए, चूंकि जतिन और सांचल समान परिस्थितियों में थे, वे भी एक-दूसरे के प्रति सहानुभूति रखने लगे। अब जतिन आनंद के बारे में बात करने लगा।

"आप आनंद को जानते हैं जिसके साथ आप नियमित रूप से कॉलेज आ रहे हैं?"

उसने जवाब दिया, "हाँ वह एक साधारण और अच्छा लड़का है, हम साथ आते हैं लेकिन वह अपनी साइकिल पर है और मैं अपनी सवारी करती हूं"।

जतिन ने कहा, "दरअसल, मैं आपको बताना चाहता हूं कि आनंद ने मुझसे कई बार कहा है कि वह तुमसे बहुत प्यार करता है।"

यह सुनते ही सांचल हैरान रह गयी। वह कुछ मिनट चुप रही और फिर जवाब दिया। “देखो, जतिन आनंद के लिए मेरे मन में कोई भावना नहीं है। साथ ही हमारे बीच एक बड़ा जाति अंतर है क्योंकि मैं एक ब्राह्मण हूं जबकि आनंद एक अनुसूचित जाति का लड़का है। मैं उसे एक भाई के रूप में देखता हूं।"

अगले ही दिन जतिन ने आनंद को बताया कि सांचल उससे प्यार नहीं करती और यह सुनकर वह बेकाबू होकर रोने लगा। जतिन की स्थिति रोटी के दो टुकड़ों के बीच सैंडविच मे टमाटर के उस टुकड़े की तरह थी जो फस जाता हैं क्योंकि उसे सांचल और आनंद दोनों की देखभाल करनी थी।

उस घटना के बाद सांचल धीरे-धीरे आणंद से दूर होने लगा और जतिन के करीब आने लगा।

जैसे-जैसे वह और जतिन अच्छे दोस्त बने, उनके विचार भी मेल खाने लगे। हालांकि, उन्होंने फिर भी एक-दूसरे के प्रति कोई प्यार या स्नेह नहीं दिखाया।

चूंकि जतिन बायोकैमिस्ट्री ग्रुप में थे, इसलिए उन्हें आनंद और सांचल से केमिस्ट्री की कक्षाओं में ही मिलने का मौका मिला। इसी बीच बायोकैमिस्ट्री ग्रुप में अरमीत और शोबी जतिन के अच्छे दोस्त बन गए। अरमीत शोबी दोनो एकदुजे से प्यार करते थे लेकिन, एक बड़ी समस्या थी क्योंकि अरमीत एक सिख था, और शोबी एक मुसलमान था।

जतिन कॉलेज से सिर्फ 2-3 किमी दूर रहता था जबकि अरमीत और शोबी 4-5 किमी दूर थे। अब जतिन, अरमीत और शोबी के समूह में सबसे प्रतिभाशाली मेधावी छात्र अरमीत था , और एक औसत छात्र होने के नाते जतिन को अपने उत्थान के लिए बुद्धिमानों के साथ रहना पड़ता था। शोबी पढ़ाई में उतना अच्छा नहीं था, और वह 3-4 साल बड़ा भी है, लेकिन अच्छा दिखने वाला, स्मार्ट और लंबा था। जतिन, अरमीत और शोबी ने समूह मे अध्ययन और हस्तलिखित नोट्स का आदान-प्रदान शुरू किया। इसने ठीक काम किया और किसी तरह शोबी ने बीएससी पास किया, जतिन ने 59% अंक प्राप्त किए, जबकि अरमीत विश्वविद्यालय की मेरिट सूची में दूसरे स्थान पर रही । शोबी और अरमीत जतिन के अकेलेपन में उसके दोस्त थे। वे जानते थे कि सांचल जतिन से प्यार करता है। लेकिन वे अपने बारे में ज्यादा परेशान थे। इससे कभी-कभी जतिन के मन में उसके लिये उपेक्षा का भाव पैदा हो जाता था।

बी.एससी द्वितीय वर्ष के अंत के करीब, बी.एससी द्वितीय वर्ष के सभी छात्रों ने दौरे के लिए बाहर जाने की योजना बनाई, और यात्रा का खर्च प्रति व्यक्ति 800 रुपये था। लेकिन जतिन एक गरीब परिवार से था और पढ़ाई और खाने के खर्च के लिए घर पर ट्यूशन ले रहा था। उसके पिता कुछ भी नहीं कमाते थे। मां सेल्स का काम कर रही थीं और दोनों बहनें पार्ट टाइम काम भी कर रही थीं ताकि पढ़ाई के साथ-साथ कमाई

भी कर सकें. इस गंभीर आर्थिक स्थिति में, वह 800 रुपये का भुगतान करने की स्थिति में नहीं था, लेकिन चूंकि सांचल का जतिन के प्रति प्रेम मे थी, इसलिए उसने कई बार उससे किसी तरह आने का अनुरोध किया था। लेकिन वह नहीं अंत तक नही जा सका। आनंद उस पिक्निक में शामिल हुआ था । सांचल को जतिन की बहुत याद आती थी। धीरे-धीरे जतिन और सांचल के दिलों में प्यार की जड़ें फैल रही थीं। वे अपने दोस्तों भुवनेश्वरी, तृप्ति और श्वेता के घर साथ साथ जाते थे । इन सभी यात्राओं ने जतिन और सांचल के बीच अधिक बातचीत को बढ़ाया। लेकिन उनमें से किसी की ओर से कोई सीधा प्रपोजल नहीं आया और वे एक-दूसरे को देखकर चुपचाप एक-दूसरे से प्यार करने लगे. उन्होंने कई बार एक दूसरे की मदद की और बहुत खुशी के साथ बढ़ रहे थे।

यह प्यार, नफरत, जाति आधारित भेदभाव, गरीबी, जतिन के लिए संघर्ष की यात्रा की शुरुआत है। आइए जतिन के जीवन के अगले पड़ाव पर चलते हैं। जतिन के लिए हवा में एक नई प्रेम हवा थी, जिसे बचपन से ही खुश रहने की वजह से कुछ ज्यादा नहीं मिला।

छाया चित्र : श्रद्धा भरसाखले द्वारा निर्मित

वो सात साल ...

2

शुरुवात प्रेम की

कॉलेज के अंतिम वर्ष के अंत में एक भव्य विदाई पार्टी थी। सांचल इसमें शामिल नहीं हो सकी । बाकी सभी ने दोपहर के भोजन और संगीत के साथ पूरे दिन की मस्ती का आनंद लिया और फिर अपने जीवन के अगले भाग के लिए प्रस्थान किया। 3 साल का रिश्ता टूटने पर विदाई एक तरह का दुख लेकर आई। हर कोई अपने परिणाम और आने वाली जिंदगी और करियर को लेकर चिंतित है।

सांचल ने जतिन को बुलाया और उसे पुस्तकालय में मिलने के लिए कहा। नगर निगम के दो पुस्तकालय हैं, एक सांचल के घर के पास और दूसरा जतिन के घर के पास। सांचल ने अपने घर के पास के पुस्तकालय में सदस्यता ली और जतिन ने अपने घर के पास पुस्तकालय में सदस्यता लिया। रविवार को दोनों ने सांचल घर के पास लाइब्रेरी में मिलने की योजना बनाई। उन दिनों मोबाइल नहीं था। लैंडलाइन के जरिए ही संपर्क किया जा सकता था। सांचल और जतिन ने अंग्रेजी पर आधारित एक कोड भाषा को भी विकसित किया था और वे कोड में एक दूसरे को पोस्टकार्ड लिखते थे। कोड में पत्र लिखने के लिए 20 मिनट की आवश्यकता होती है और डिकोडिंग के लिए भी उतना ही समय लगता था।

पुस्तकालय में उनके मिलने का स्थान बन गया था । सांचल ने जतिन से कहा कि वह उसके लिए प्यार महसूस कर रही है।

वह जतिन को पसंद करती थी क्योंकि वह अपने कार्य पर केंद्रित था, शिक्षा के साथ कमाई भी शिक्षा के साथ कमाई भी शिक्षा के साथ कमाई भी शिक्षा के साथ कमाई भी शिक्षा के साथ कमाई भी शिक्षा के साथ कमाई भी करता था, वो बेहद मृदुभाषी और सुखद था, एक मुस्कुराता हुआ चेहरा और देखभाल करने वाला रवैया उसके पास था । लेकिन वह यह देखने के लिए अपनी भावनाओं का परीक्षण करना चाहती है कि यह सच्चा प्यार था या केवल आकर्षण। इसलिए उसने एक योजना प्रस्तावित की कि वह पूरे एक सप्ताह तक जतिन से नहीं मिलेगी। कोई बातचीत या पत्रों का आदान-प्रदान नहीं होगा। अगर उस दौरान उसके अंदर एक मजबूत लापता तत्व था और वही जतिन को भी महसूस हुआ था, तभी वे प्रस्ताव देंगे और स्वीकार करेंगे कि वे प्यार में हैं। जतिन इसके लिए राजी हो गया।

जब वह लाइब्रेरी से घर के लिए निकली तो उलटी गिनती शुरू हो गई। जतिन ने उसे तब तक देखा जब तक वह उसकी आंखों से ओझल नहीं हो गई। फिर वह भी अपने घर के लिए निकल गया। जतिन ने उसके साथ बिताए पलों को याद किया, उसका मुस्कुराता हुआ चेहरा, उसकी सुरीली आवाज और फिर बुधवार को वह खुद को रोक नहीं पाया। वह पुस्तकालय गया। काफी देर तक उसका इंतजार किया और जब वह आई तो उसने दूर से ही उसे देखा लेकिन 7 दिन तक न मिलने का वादा नहीं तोड़ा।

जब सात दिन की अवधि समाप्त हो गई, तो सांचल ने जतिन को बुलाया और उससे कहा कि वह उससे उसके घर के पास मिलेगी और उसे प्रपोज करेगी। जतिन पूरी तरह से उत्साहित है।

लेकिन, वह व्यावहारिक भी था की वह किसी से सलाह लेना चाहता था क्योंकि यह उस के जिवन में महत्त्व वाला निर्णय था, की वह अपना पूरा जीवन उसके साथ बिताएगा। वह कॉलोनी में अपने सबसे अच्छे दोस्त श्याम के पास गया। श्याम पेइंग गेस्ट था और बिहार का रहने वाला था। वह जतिन के साथ 12वीं में था। उसने 12वीं के दौरान ज्यादा स्कोर नहीं किया और इसलिए वह एनआईआईटी से कुछ कंप्यूटर कोर्स कर रहा है।

अब जब जतिन ने सांचल के बारे में सब कुछ बताया और उसकी राय पूछी, तो श्याम ने कहा, "लड़की एक महाराष्ट्रीयन ब्राह्मण है और आप अन्य पिछड़े वर्ग के हैं। अब शादी में एक बड़ी समस्या है। साथ ही, आप जबरदस्ती शादी नहीं करना चाहते या भाग जाने वाले भी न हो। इसलिए, जब वह आप दो शर्तें रखना, पहली तो आप दोनों माता-पिता के सहमत होने के बाद ही शादी करेंगे और दूसरा माता-पिता को समझाने के लिए व्यक्तिगत रूप से एक-दूसरे की ही जिम्मेदारी होगी। आप अपने माता-पिता को मना लेंगे और वह अपने माता-पिता को मना लेगी। यदि यह ठीक है तभी आप उसके प्यार के प्रस्ताव को स्वीकार करें।"

जतिन को यह सही भी लगा और तार्किक भी। इसलिए जब सांचल ने प्रस्ताव रखा तो उसने ये दो शर्तें रखीं। इन शर्तों को सुनकर उसने कुछ देर सोचा और फिर वह भी इसके लिए राजी हो गई। उन्होंने एक-दूसरे को गले लगाया और एक मिनी उत्सव के लिए पास के एक रेस्तरां में गए: चाय और कुछ नाश्ता किया। फिर वे खुशी और चेहरे पर प्यार की एक नई चमक लेकर घर के लिए निकल पड़े। वे एक-दूसरे से संपर्क बनाए रखते थे और पति-पत्नी की तरह ही परिवार से जुड़ी सभी समस्याओं को एक-दूसरे से साझा करने लगे।

एक महीने बाद करीब 100 किलोमीटर दूर एक गांव से एक पुजारी जतिन के घर आया। जतिन का परिवार हर समय पैसों की तंगी से जूझ रहा था और कभी-कभी तो घर में खाने को भी कुछ नहीं होता था। उन्होंने पुजारी से आकर कोई धार्मिक समाधान सुझाने को कहा। वह पुराने सोफे पर बैठ गया और घर के सभी लोग - माँ, बहनें और जतिन उसके सामने खड़े थे। वह एक महाराष्ट्रीयन ब्राह्मण पुजारी थे और उन्होंने सबसे पहले सभी समस्याओं को सुना। फिर उन्होंने व्यक्तिगत समाधान देना शुरू किया। जब जतिन की बारी आई तो उसने उससे कहा कि वह किसी महाराष्ट्रियन ब्राह्मण लड़की से प्यार करता है। यह वास्तव में आश्चर्यजनक था क्योंकि जतिन के प्यार और योजना के प्रस्ताव के बारे में कोई नहीं जानता। उन्होंने जतिन को प्रतिदिन मंत्र जाप करने को कहा। जैसा कि घर में किसी ने जतिन की परवाह नहीं की, किसी ने उससे प्रेम प्रसंग के बारे में नहीं पूछा। कुछ दिनों बाद जब

जतिन सांचल से मिला तो उसने उसे पुजारी के बारे में बताया। वह भी पूरी कहानी सुनकर हैरान रह गई।

जतिन को जल्द ही सरकारी मेडिकल कॉलेज में पोस्ट ग्रेजुएट डिप्लोमा इन मेडिकल लेबोरेटरी में प्रवेश मिल गया, जबकि सांचल ने मास्टर इन साइंस-केमिस्ट्री कोर्स में दाखिला लिया। जतिन साइकिल से अपने कॉलेज जाने लगा। यह 10 किलोमीटर का सफर था। सांचल अपने लूना स्कूटर पर कॉलेज गई थी।

जतिन का कॉलेज आम दिनों जैसा नहीं था। इसमें केवल प्रैक्टिकल थे। उनके बैच में सिर्फ 12 छात्र थे। जतिन कक्षा में अकेला पुरुष था। छात्रों को मासिक रोटेशन के आधार पर विभिन्न विभागों में तैनात किया गया था। उन सभी को कभी-कभार ही एक-दूसरे से मिलने का मौका मिला। जतिन को अकेले रहने की आदत हो गई थी। जतिन और सांचल की मुलाकात कभी-कभार ही हो जाती थी। कभी वह साइकिल से उसके कॉलेज जाता था तो कभी वह अपने लुना-स्कूटर पर उससे मिलने जाती थी।

एक दिन उन्होंने माँ दुर्गा के लिए एक मंदिर जाने का फैसला किया, जो शहर से लगभग 20 किलोमीटर दूर था। जतिन सांचल के कॉलेज गया, वहां अपनी साइकिल रखी और वे बिना किसी को बताए उसके लूना पर मंदिर गए। दुर्भाग्य से, सांचल की बहन ने भी उसी दिन उससे मिलने का फैसला किया। लापता होने पर वह घर लौटी और अपने माता-पिता को सूचना दी।

इस बीच, जतिन और सांचल ने प्रार्थना की और फिर पूरी दोपहर मंदिर के पीछे एक तालाब में बातें की। उन्होंने दोपहर का भोजन किया और एक-दूसरे को गले लगाया और कई बार चूमा। समुद्र में ज्वार की भाँति प्रेम और प्रसन्नता का उत्साह चरम पर था। दोनों एक दूसरे की देखभाल करके खुश हैं। चुंबन की भावना इतनी कोमल थी कि जतिन अपनी आत्मा को खुशी से बांधे रखता था। उसने भी उसके स्तनों की कोमलता को महसूस करते हुए छूने का मौका लिया। यह वास्तव में उनके जीवन का एक अद्भुत क्षण था। इतने लंबे समय तक साथ रहने का यह पहला मौका था।

सांचल जब शाम को घर पहुंची तो उसके साथ सवालों की झड़ी लग गई। उसने अंत में अपने माता-पिता को जतिन के साथ अपने प्रेम संबंध और शादी करने की उनकी योजना के बारे में बता दिया। अगले ही दिन सुबह जतिन के घर लैंडलाइन फोन की घंटी बजी। सौभाग्य से, जतिन ने ही फोन लिया । दूसरी तरफ सांचल के पिता थे। उन्होंने मांग की कि जतिन अपने पिता के साथ तुरंत उनके घर पहुंचें। जतिन ने किसी तरह उन्हें विश्वास दिलाया कि वह अकेले ही उनसे मिलेंगे। उन्होंने माना कि जतिन उसी दिन शाम 4 बजे सांचल के घर जाएंगे। वहां पहुंचते ही जतिन हैरान रह गया। सांचल पूरी तरह से व्याकुल थी। उसके बाल खुले थे और उसकी आँखें लाल हो रही थीं और आँसू किसी भी क्षण बहने को थे।

सांचल और उसके माता-पिता एक सोफे पर बैठे थे और जतिन उनके सामने दूसरे सोफे पर बैठे थे। सांचल की माँ ने पहले कहा: “देखिए जतिन हम आपकी और सांचल की शादी के लिए सहमत नहीं हो सकते क्योंकि आप ब्राहमण नहीं हैं, आप कमाई नहीं कर रहे हैं और सांचल मांगलिक है। वह केवल मांगलिक लड़के से ही शादी कर सकती है।"

जवाब में जतिन ने कहा, 'देखो, मैं अपनी जाति नहीं बदल सकता क्योंकि यह जन्म से है और यह मेरे नियंत्रण से बाहर है। मैं सांचल से प्यार करता हूं और मैं मांगलिक और ऐसी अन्य चीजों में विश्वास नहीं करता। हाँ, मैं नहीं कमा रहा हूँ पर हम शादी तब करेंगे जब मैं हम दोनों के लिए पर्याप्त कमा लूंगा।"

उन्होंने आगे कहा, "मेरा दृढ़ विश्वास है कि शादी बड़ों के समझौते और आशीर्वाद से ही होनी चाहिए और मैं आपकी अनुमति के बिना सांचल से शादी नहीं करूंगा।"

लेकिन, सांचल के पिता अड़े रहे। उसने घोषणा की कि वह कभी भी शादी के लिए इस जन्म में राजी नहीं होगे। यह सुनकर जतिन हैरान रह गया। उसने बस जवाब दिया, "ठीक है, मैं अगले जन्म की प्रतीक्षा करूंगा"। इन शब्दों के साथ वह उठ खड़ा हुआ और कमरे से बाहर चला गया। वह साइकिल लेकर घर लौट आया।

फिर उन्होंने अपनी पढ़ाई पर अधिक ध्यान देना शुरू कर दिया और कुछ पैसे कमाने के लिए अपने पड़ोस के कुछ बच्चों के लिए अंशकालिक ट्यूशन कक्षाएं लेना शुरू कर दिया। वह सांचल से दूर रहा जब एक दिन उनकी कॉमन फ्रेंड तृप्ति ने फोन किया और उसे बताया कि सांचल उससे मिलना चाहती है। उन्होंने दो दिन बाद रविवार की सुबह तृप्ति के घर पर मिलने का फैसला किया।

चाय-नाश्ते के बाद तृप्ति जतिन और सांचल को छत पर ले गई, जहां सारी बातें बोली और चर्चा की गई। जतिन ने तृप्ति के सामने एक बार फिर अपने नियम और शर्तों का जिक्र किया, जिस पर वह भी मान गई। सांचल ने वादा किया कि वह किसी तरह अपने माता-पिता को शादी के लिए राजी कर लेगी।

सब कुछ धीरे-धीरे सामान्य हो रहा था। एक दिन सांचल जतिन से मिलने सरकारी मेडिकल कॉलेज गया। जैसा कि पहले उल्लेख किया गया है, छात्रों को रोटेशन में विभिन्न विभागों में तैनात किया गया था। उस महीने जतिन अस्पताल के सामने वाले हिस्से में माइक्रोबायोलॉजी ओपीडी में था। सरकारी कॉलेज एक बड़ा परिसर है और आगंतुक आसानी से अपना रास्ता खो सकते हैं। सांचल करीब आधे घंटे तक कॉलेज में घूमता रहा। लेकिन, उसका पता नहीं चल सका। उसने लगभग हार मान ली और लौटने ही वाली थी कि जतिन ने उसे अपने कमरे की खिड़की के पास से गुजरते हुए देखा। उसने उसे बुलाया और वे अंततः थोड़े समय के लिए ही मिल सके क्योंकि पहले ही देर हो रही थी।

PGDMLT कोर्स अब खत्म हो रहा है। अंतिम परीक्षा से ठीक पहले, जतिन को 3,000 रुपये प्रति माह के वेतन पर अपने घर से 10 किलोमीटर दूर एक निजी अस्पताल में प्रयोगशाला तकनीशियन की नौकरी का प्रस्ताव मिला। यह एक अच्छी सफलता थी और उन्होंने इसे खुशी के साथ स्वीकार किया। समय भी काफी आरामदायक था, सुबह 8 बजे से दोपहर 2 बजे तक। अब, वह कर्ज पर स्कूटर खरीदने का खर्च वहन कर सकता था। उनका जीवन बदल गया क्योंकि स्कूटर ने जीवन में गति प्रदान की। धीरे-धीरे उन्होंने अपने काम में विशेषज्ञता हासिल कर ली। सांचल उसकी प्रयोगशाला में आकर मिलती थी क्योंकि उसका

कॉलेज वहाँ से सिर्फ 3 किलोमीटर दूर था। वे मिले, चिट-चैट की और एक-दूसरे से गले मिले। वे पास के विभिन्न मंदिरों में गए और जीवन खुशियों के पहियों पर सवार हो रहा था।

हालांकि, जतिन डीएमएलटी परीक्षा में एक पेपर में फेल हो गया था। अब एक नियम है कि यदि कोई एक पेपर में फेल हो जाता है तो उसे अगले प्रयास में फिर से सभी व्यावहारिक और सिद्धांत परीक्षा देनी होगी। जतिन हैरान और उदास था। लेकिन, सांचल ने उसे हार न मानने के लिए समझाते हुए उसकी मदद की। उनके उत्साहजनक शब्दों ने जतिन के खून में एक नई ताकत भर दी। उन्होंने अधिक एकाग्रता के साथ नए सिरे से अपनी पढ़ाई शुरू की। उन्होंने डीएमएलटी की सभी परीक्षाओं का प्रयास किया और 53% अंकों के साथ परीक्षा उत्तीर्ण की।

लगभग 2 साल जॉब करने के बाद जतिन इस बात से सहज नहीं थे कि उन्होंने केवल बी.एससी, और डीएमएलटी किया है। उन्होंने बायोकैमिस्ट्री में परास्नातक के लिए आवेदन करने का फैसला किया। उसने सांचल को बताया और वह बहुत उत्साहजनक थी। अब सवाल यह था कि अपने स्कूटर की ईएमआई और ईंधन का भुगतान कैसे करें। कॉलेज जाने से पहले और देर शाम को लौटने पर सुबह ट्यूशन लेना ही एकमात्र विकल्प था। जतिन ने नागपुर विश्वविद्यालय में जैव रसायन के स्नातकोत्तर विभाग में एम.एससी में प्रवेश लिया। चूंकि यह एक सरकारी संस्थान था, इसलिए उनके लिए फीस काफी कम थी। वह प्रबंधन कर सकता था। अगले दो 2 वर्षों में उन्होंने पढ़ाई और सांचल दोनों पर ध्यान दिया। सब कुछ ठीक चल रहा था। लेकिन, जतिन और सांचल चिंतित थे। माता-पिता नहीं माने तो क्या होगा?

सब कुछ ठीक चल रहा था। लेकिन, जतिन और सांचल चिंतित थे। अगर माता-पिता नहीं माने तो क्या होगा? इसका भी कोई जवाब नहीं था। जीवन कभी नहीं रुकता। यह अपने रास्ते पर चला जाता है। सांचल ने जतिन से पहले एमएससी पास की थी। चूँकि उन्हें पार्ट टाइम ट्यूशन पर समय बिताना पड़ता था और पैसे को लेकर उनके घर में कई झगड़ों के कारण, जतिन केवल 56% के साथ M.Sc पास करने में सफल रहे।

इसी बीच उनका और सांचल का प्यार 4 साल के रिश्ते के साथ और परिपक्व हो गया। उनके बीच समझ भी विकसित हुई। लेकिन, सांचल ने एक नई मांग शुरू की: वह उनकी कुंडली मिलान करना चाहती थी। जतिन ने उससे कहा कि वह इस पर विश्वास नहीं करता है लेकिन फिर भी जब भी वे मिलते हैं तो वह मांग करती है। तो जतिन ने उनकी कुंडली ली और एक स्थानीय उत्तर भारतीय पंडित से मिले और उन्होंने कहा कि सब कुछ ठीक है और चिंता की कोई बात नहीं है। लेकिन वह पूरी तरह से संतुष्ट नहीं थी और अधिक परामर्श चाहती थी।

समय के साथ, तृप्ति के परिवार - उसके माता, पिता और भाई को पता चला कि जतिन और सांचल के बीच क्या चल रहा था। वे इससे खुश थे। सांचल अपने माता-पिता को भी समझाने की कोशिश कर रही थी लेकिन उसके प्रयासों को सफलता नहीं मिल रही थी। जतिन के घर में, उसने अपनी माँ से बात की और उसने उससे कहा कि वह जो कुछ भी करता है, उसे परवाह नहीं है।

जतिन नई नौकरी और नए काम के लिए प्रयास कर रहे हैं। वह कमाने में व्यस्त था क्योंकि उसके घर में पैसों की मांग बढ़ रही थी। एमएससी करते-करते उनकी जिंदगी में कई नए दोस्त भी आए। इनमें मिथुन और शहजाद उनके लिए बेहद खास थे। जतिन ने मिथुन को सांचल के बारे में बताया। शहजाद को उसके प्रेम प्रसंग के बारे में भी पता चला। मिथुन जतिन के घर के पास रुका था। शहजाद एक धनी व्यक्ति और प्रभुत्वशाली व्यक्ति थे। लेकिन, उनका देखभाल करने वाला रवैया था।

एमएससी के बाद जतिन ने आगे क्या किया? क्या उसे नौकरी मिली? क्या सांचल का प्यार वैसा ही रहा जैसा था? जतिन और सांचल के जीवन में कौन आया जिसने रिश्तों को सकारात्मक तरीके से ढाला? आइए। आइए उत्तरों के लिए अगले अध्याय में शामिल हों।

छाया चित्र : श्रद्धा भरसाखले द्वारा निर्मित

3

प्रेम कहानी के साथ चल रही मानव सेवा

एमएससी पूरा करने के बाद जतिन के सामने एक नई चुनौती थी: नई नौकरी पाने की। उनके दोस्त शोबी और उनके चचेरे भाई इमरान ने एक नई पैथोलॉजी प्रयोगशाला खोली थी और अच्छी कमाई कर रहे थे। प्रकृति में मददगार होने के कारण, उन्होंने जतिन से कहा कि यदि वे अन्यथा व्यस्त हों तो प्रयोगशाला की देखभाल करें। प्रयोगशाला सांचल के घर के बहुत पास थी और इससे उन्हें मिलने का मौका मिला।

जतिन ने अपने तरीके से शुरू की नौकरी की तलाश; उन्होंने अपना सीवी प्रिंट किया और कई प्रतियां अपने पास रखीं। वह शहर के विभिन्न हिस्सों में प्रयोगशालाओं का दौरा करेंगे और प्रयोगशाला तकनीशियन के रूप में नौकरी के अनुरोध के साथ सीवी सौंपेंगे। एक पैथोलॉजिस्ट ने उन्हें रुपये के वेतन पर नौकरी की पेशकश की। 3,000 प्रति माह लेकिन दोपहर 1 बजे से रात 11 बजे तक समय थोड़ा असहज था। उसने घर पर लंच किया और रात के खाने के लिए पैक किया हुआ खाना खाया।

उन्हें वातानुकूलित लैब में दिन भर खड़े ढेर सारे सैंपल की जांच करनी पड़ी। यह घोर शोषण था। लेकिन, उसके पास कोई चारा नहीं था। किसी तरह, उसने 10 दिनों के लिए नौकरी की, जब डॉक्टर ने एक लड़की को सिर्फ बी.एससी योग्यता के साथ नियुक्त किया, लेकिन रुपये के

वेतन के साथ। 3,500 प्रति माह। इस हरकत से जतिन आहत हुआ और उसने अपने बॉस को फोन पर सूचना देकर नौकरी छोड़ दी।

वह फिर से नौकरी की तलाश करने लगा और उस लैब के पास एक माइक्रोबायोलॉजिस्ट डॉ. साओजी मैडम थीं। उसने उसका साक्षात्कार लिया और उसे नियुक्त किया। समय सुबह 9 बजे से शाम 5 बजे तक और मासिक वेतन 3,000/- रुपये तय किया गया था। जतिन इस काम को लेकर खुश थे क्योंकि वे कमाई के साथ-साथ माइक्रोबायोलॉजी में नई तकनीक भी सीख सकते हैं। सांचल उनसे मिलने उस लैब में जाया करता था।

वे दोनों कई मंदिरों में गए और भगवान से एक साथ जीवन देने की मांग की लेकिन कौन जानता है कि भगवान के फैसले में क्या है? महज 6 महीने के भीतर जतिन को नगर निगम के संशोधित राष्ट्रीय क्षय रोग कार्यक्रम-आरएनटीसीपी में संविदा के आधार पर 5,000 रुपये प्रति माह के वेतन के साथ नियुक्ति का अवसर मिला। वह बहुत खुश था और सांचल भी।

वह नौकरी में शामिल हो गया और जल्द ही उसे और अन्य 10 लैब तकनीशियन, जो सभी लड़कियां थीं, को 10 दिनों के प्रशिक्षण कार्यक्रम के लिए भेजा गया। ट्रेनिंग के दौरान जतिन ने दोस्त बनाए और एक लड़की अच्छी दोस्त बन गई। भारती की त्वचा का रंग सांयकालीन आकाश और पीली आंखों वाला था। वह हमेशा हंसमुख और मुखर रहती थीं। भारती से मिलने के बाद जतिन का दिल नई खुशी और नई खुशी से भर गया।

नई नौकरी में जतिन को उनके घर के पास दो लैब आवंटित की गईं। एक लैब में सुबह 8 से 11 बजे तक और दूसरी लैब में दोपहर 12 से 2 बजे तक समय अनुकूल था। काम अच्छा था। लेकिन, एक खामी थी। 3 महीने से वेतन नहीं मिला। अब समस्या यह थी कि स्कूटर ईएमआई और पेट्रोल का खर्च कैसे वहन करें। जतिन 2 कॉलेजों में विजिटिंग फैकल्टी के रूप में शामिल होने में कामयाब रहे और पैरामेडिकल छात्रों को पढ़ाना शुरू किया।

सांचल कभी-कभी अपने घर में अकेली रहती थी। इसके बाद वह अपने मोबाइल फोन से कॉल करती थी। अभी-अभी मोबाइल फोन आया था। जतिन और सांचल भी कभी-कभी उसके घर पर मिल जाया करते थे। जैसा कि उन्होंने पहले ही शादी करने का फैसला कर लिया था, वे केवल रोमांस करेंगे, सेक्स नहीं। उनके साथ बिताया गया समय जतिन के जीवन के बहुत ही शानदार पल थे।

इस बीच जतिन की एक और दोस्त भवना जो पेइंग गेस्ट के तौर पर अकेली रहती थी। वे रोज मिलने लगे। जतिन उसे सांचल से अधिक पसंद करने लगी क्योंकि वह अधिक बातूनी, समस्याओं के प्रति अधिक खुली और अधिक बाहर जाने वाली थी। सबसे अच्छी बात यह थी कि वह हमेशा खुश रहती थी।

जतिन की अब दूसरी प्रयोगशाला के रूप में टीबी अस्पताल में भी उनकी ड्यूटी थी। जब पहले दिन उन्होंने उस अस्पताल का दौरा किया तो उन्होंने देखा कि यह सबसे पुराने अस्पतालों और नगरपालिका स्वास्थ्य केंद्र में से एक था। वहां उनकी मुलाकात एक शर्मा बहन-एक सिंधी विधवा से हुई, जो हमेशा सफेद साड़ी पहनती थी। खाली समय में वह उससे बात करने लगा। उसे उसकी कहानी के बारे में पता चला। हादसे में उनके पति की मौत हो गई थी। उसकी दो छोटी बेटियाँ थीं और वह नौकरी और बच्चों को अकेले ही संभाल रही थी। चूंकि जतिन बहुत मददगार व्यक्ति था, वह जब चाहे समोसा लाकर उसकी मदद करने लगा। इससे एक स्नेहपूर्ण रिश्ता बन गया और धीरे-धीरे सांचल का भी उससे परिचय हो गया।

सांचल और जतिन शर्मा सिस्टर को बहुत पसंद करने लगे थे। वे उसके साथ अपने छोटे-छोटे राज साझा करने लगे। वे अक्सर उसके घर जाते थे। वह एक अच्छी रसोइया थी और वह उनके लिए स्वादिष्ट खाना बनाती थी। वह उन्हें भविष्य के लिए सलाह भी देने लगी। इस बीच जतिन भी भारती के साथ घूम रहा था, वह उसके खुलेपन से आकर्षित था। वह भी उससे प्यार करने लगा लेकिन पता नहीं कब सही।

जतिन अपने अस्पताल में आने वाले तपेदिक रोगियों के लिए बहुत मददगार थे। उन्होंने बीमारी के निदान के अपने मूल कार्य के अलावा,

उन्हें इंजेक्शन और दवाएं देना शुरू कर दिया। वह बहुत विनम्र थे। वह यह सुनिश्चित करना चाहते थे कि मरीजों को ज्यादा परेशानी न हो।

जतिन अपने चचेरे भाई से कहता था कि उसकी शादी जाति के बाहर होगी और चचेरा भाई, जो उससे बड़ा था, हमेशा उसे हतोत्साहित करता था। वह चाहते थे कि जतिन की शादी जाति के भीतर ही हो।

छाया चित्र : श्रद्‌धा भरसाखले द्‌वारा निर्मित

4

टूटती जुडती प्रेम गाँथा

जीवन हमेशा बदलता रहता है। हम जो आज सोचते हैं, वह कल ठीक नहीं हो सकता। लोग आए, जतिन के साथ अपना गुजारा किया और रोते हुए उसे अकेला छोड़ दिया। यही जतिन का ही नहीं बल्कि हम सब का असली हाल है। हम जान बूझकर या न चाहते हुए भी अपने साथी बदलते हैं, जैसे बचपन में जतिन के साथ उसके भाई-बहन थे, जब वह बड़ा हुआ तो कुछ छोटे-छोटे बदलाव, जब स्कूल में उसके एक दोस्त थे, फिर जब कॉलेज में फिर से अलग-अलग दोस्त थे , जब नौकरी में लोग नौकरी बदलने के साथ बदलते हैं। ये सब इतने सामान्य हैं कि हम इन सभी को कोई महत्व नहीं देंगे। लेकिन इमोशनल होने के कारण जतिन कभी भी अपने प्रिय को खोना नहीं चाहते थे। अब भावना के जाने के बाद एक और रिक्तता थी, जिसे निश्चय ही सांचल को भरना ही था। लेकिन, सांचल ने बहुत सारे भ्रम, कई संदेह, उसके माता-पिता सहमत होंगे या नहीं, कुंडली की समस्याएं धीरे धीरे बड़्ते गयी ।

सांचल को शुरू में शर्मा बहन के साथ जतिन की दोस्ती पर शक था। लेकिन, धीरे-धीरे वह इससे उबर गई। अब शर्मा बहन ने एक दिन जतिन से कहा कि वह एक फ्लैट खरीदना चाहती है। काफी जानकार होने के कारण, वह उसकी मदद करने के लिए तैयार हो गया। उसने

उसके साथ फ्लैटों की खोज शुरू की और यह एक हरे भरे स्थान में एक अच्छे फ्लैट के साथ समाप्त हुआ; उसने जतिन की मदद से कर्ज भी लिया था। जतिन इतना व्यस्त था कि वह सांचल से 2-3 दिन के आधार पर नहीं बल्कि 7-15 दिनों में एक बार मिल पाता था।

तपेदिक प्रयोगशाला तकनीशियन के रूप में काम करते हुए भी, जतिन नई नौकरियों के लिए आवेदन करते थे। उन्होंने नेशनल इंस्टीट्यूट ऑफ माइनर्स हेल्थ, वाडी में वैज्ञानिक सहायक पद के लिए आवेदन किया और उन्हें एक साक्षात्कार कॉल आया। उन्होंने इंटरव्यू दिया और इंटरव्यू के एक साल बाद उन्हें नियुक्ति पत्र मिल गया. उन्होंने सांचल , शर्मा बहन और अन्य सभी शुभचिंतकों को खुशखबरी सुनाई। वह उस रात सो नहीं सका क्योंकि उसे पहली बार स्थायी सरकारी नौकरी मिली थी। अब उसे तपेदिक के सभी साथी मित्रों को छोड़ना होगा। उनके बॉस डॉ. सोनकुसले मैडम ने उनकी सुखद मुस्कान, काम लेने के लिए हमेशा तैयार रहने और मृदुभाषी स्वभाव के कारण उन्हें पसंद किया। उन्होंने सिटी टीबी कार्यालय में अपनी विदाई का आयोजन किया और उनके दोस्त ने भी उनके लिए एक अच्छा गाना गाया।

डायग्नोसिस से लेकर रिसर्च तक जतिन के लिए अब बदला काम उसका नया मालिक एक बूढ़ा आदमी था। वह इतना सख्त था कि अगर कोई 5 मिनट भी देरी से आता था तो उसे छुट्टी का आवेदन देना पड़ता था। ऑफिस जतिन के घर से 17 किमी दूर था। उन्होंने काम पर शुरुआत की और धीरे-धीरे काम में जुट गए।

खनिकों की आवधिक चिकित्सा जांच के लिए दौरे पर जाना शामिल कार्य। उनका पहला दौरा एक महीने के लिए राजस्थान के उदयपुर का था। जतिन इतने लंबे समय तक अपने घर से बाहर कभी नहीं रहे। लेकिन कर्तव्य तो निभाना ही था। वह इससे बच नहीं सकता। वह अपनी टीम के साथ II AC से गए। एक योजनाकार होने के नाते, उन्होंने हर चीज की योजना बनाई: कैसे जाना है, कौन सा मार्ग लेना है, विश्लेषण के लिए आवश्यक बड़े उपकरणों को कैसे पैक और ले जाना है।

एक महीने तक सांचल को अपने प्यार के बिना रहना पड़ता है। साथ ही जतिन का मोबाइल रोमिंग के लिए एक्टिवेट नहीं हुआ। जतिन ने उसे होटल का लैंडलाइन नंबर दिया। अब वह उसे रोज सुबह 9 बजे से पहले फोन करती थी। जतिन का कार्य स्थल होटल से 50 किमी दूर था। वह और उनकी टीम शाम सात बजे तक लौट जाते थे। यह बहुत व्यस्त काम था क्योंकि पूरे दिन की टीम ने ऑडियोमेट्री, स्पिरोमेट्री, ईसीजी और अन्य मेडिकल जांच की। जतिन को अपने भोजन के लिए 80 रुपये मिले जिसमें दोपहर और रात के खाने का खर्च शामिल था। लेकिन खान प्रबंधन की ओर से दोपहर का खाना मुफ्त दिया गया। इसलिए, केवल रात के खाने का प्रबंध करना पड़ा। सांचल ने उनकी वापसी के लिए प्रार्थना की। दोनों एक दूसरे से चूक गए। जतिन को हमेशा लगता था कि उन्हें जो नई नौकरी मिली है, वह तपेदिक के रोगियों को रास्ते से हटाने में मदद करने के कारण है।

उनके विनम्र स्वभाव ने खनिकों का ध्यान आकर्षित किया और उनमें से अधिकांश मित्र बन गए। उनकी फ्रेंड लिस्ट बढ़ती जा रही है। कैंटीन पर्यवेक्षक एक अच्छा दोस्त बन गया। जतिन ने दोपहर के भोजन के दौरान अधिक खाना खाया क्योंकि यह मुफ़्त था और शाम को उसे ज्यादा खाने की ज़रूरत नहीं थी ताकि वह कुछ पैसे बचा सके। कैंटीन सुपरवाइजर ने लंच में ज्यादा खाना परोस कर उनकी मदद की। गरीबी को वह कभी नहीं भूल सकता जिसने इसे अनुभव किया है।

प्रोजेक्ट पूरा होने के बाद जतिन नागपुर लौट आए। उन्होंने सांचल से मुलाकात की। उन्होंने एक दूसरे को गले लगाया। वे दुखी हो गए क्योंकि दूर रहना उन दोनों के लिए दर्दनाक है। वे शर्मा बहन के घर गए और उनसे भी मिले। शर्मा बहन ने हमेशा जतिन की तारीफ की।

जतिन और सांचल की उम्र दिन-ब-दिन बढ़ती ही जा रही है। जतिन और सांचल की शादी के लिए उसके पिता की ओर से अभी तक कोई समाधान या अच्छी प्रतिक्रिया नहीं मिली थी। जतिन और सांचल की हर मुलाकात उसी बात पर खत्म हो जाती है। इन सब से इतना निराश होकर सांचल का एक सवाल था: जतिन उस पंडित के पास क्यों नहीं जा रहा जिसने पहले बताया कि जतिन प्यार में था?

आगे क्या हुआ? क्या जतिन पंडित के पास गया था? यदि हां, तो उन्होंने क्या कहा? कैसे उनके रिश्ते भूकंप की तरह हिल गए?

आइए उत्तर पाने के लिए अगले अध्याय में शामिल हों।

छाया चित्र : श्रद्धा भरसाखले द्वारा निर्मित

5

ज्योतिष, क्या वाकई सच हैं ?

सांचल का जतिन से हर समय यही सवाल था। जब वह बार-बार एक ही सवाल से बमबारी से ऊब गया तो उसने आखिरकार उस पंडित के पास सांचल की कुंडली के साथ जाने का फैसला किया । जतिन ने बहन शर्मा से कहा कि वे कलमेश्वर नामक गांव में जाएंगे, जो कि 100 किलोमीटर दूर था और उस पंडित से मिलेंगे। यहां महत्वपूर्ण बात यह है कि पंडित भी एक महाराष्ट्रीयन ब्राह्मण हैं।

आख़िरकार वह दिन आ ही गया और जतिन ने तयशुदा के अनुसार बहन शर्मा को अपनी स्कूटी पर सवार होकर यात्रा शुरू की । वो रविवार का दिन था और वे सिर्फ 2 घंटे में पहुंचे। थोड़ी खोजबीन के बाद उन्हें पंडित का घर मिल गया। वे मिट्टी से बनी कुटिया के भीतर जाकर उसके सामने बैठ गए। जतिन ने पंडित को बताया कि वह 6 साल पहले नागपुर में उनके घर आया था। उन्होंने इस मुलाक़ात को भी याद किया। लेकिन जतिन को यकीन नहीं था कि उसे ठीक से याद है या नहीं। पंडित ने पूछा: "अब तुम क्या चाहते हो?" जतिन ने पंडित को दोनों कुण्डलियाँ दीं और कहा कि वह उनका मिलान कराना चाहता है। पंडित ने कुंडली ली और 20 मिनट तक एकाग्रचित्त होकर उनका अवलोकन किया। कमरे में पंडित, जतिन, शर्मा बहन और पिन ड्रॉप साइलेंस था। कुछ देर बाद

पंडित ने बोलना शुरू किया। शब्द जतिन के कानों में पिघले लोहे की तरह जा रहे थे। उन्होंने कहा, "यदि आप इस लड़की से शादी करते हैं, तो आपकी मां मर जाएगी"।

ओह! यह सुनकर जतिन हैरान रह गया उसको मानो काटो तो खून नहीं वाली हालत थी । कुछ देर के लिए उसकी आंखों के सामने अंधेरा छा गया। किसी तरह वह ठीक हुआ और पंडित को फीस के रूप में 101 रुपये दिए। शर्मा बहन ने भी अपने बारे में पूछा और पंडित को 101 रुपये दिए। फिर दोनों नागपुर के लिए रवाना हो गए।

उस दिन जतिन को अपने सबसे अच्छे दोस्त की शादी में शामिल होना था और इसलिए उसने शर्मा बहन को अपने साथ ले जाने का फैसला किया और दोनों सीधे मैरिज हॉल में चले गए। उन्होंने खाना खाया और उपहार दिए। इसके बाद वे हॉल से घर जाने के लिए निकले।

रास्ते में शर्मा बहन ने जतिन को बहुत कुछ बताया लेकिन जतिन सदमे और दुःख में था, वो कुछ सुनने समझने की हालत में न था वह दिल की गहराइयों से चुपचाप रो रहा है।

जब वह घर पहुंचा तो सांचल ने फोन किया और पूछने लगा कि पंडित ने क्या कहा? जतिन ने उससे कहा कि वह कुछ दिनों में उससे मिलेगा और उसे बताएंगा कि पंडित ने उसे क्या बताया। लेकिन, संचल ने धैर्य नहीं रखा और अगली सुबह तत्काल मिलने पर जोर दिया। जतिन ने उसे बताया कि अगले दिन दोपहर के बाद उसके चचेरे भाई की सगाइ समारोह हैं और इसलिए वे किसी और दिन मिल सकते हैं। लेकिन, वह नहीं मानी और अगले दिन के लिए ही मीटिंग तय कर दी।

अगली सुबह, वे सदर के एक छोटे से रेस्तरां में मिले। जतिन ने सांचल को वही बताया जो पंडित ने कहा था। उसने पूछा: "क्या तुम अब भी मुझसे शादी करोगी?"। इस प्रश्न का उत्तर देना कठिन था। यह उनकी मां के जीने या मरने का सवाल था। उसके पास कोई विकल्प नहीं था। उसने बस उससे कहा: "नहीं"।

यह सुन सांचल फूट-फूट कर रोने लगा। अगले 2 घंटे तक जतिन ने उसे बहुत सारी बातें बताईं लेकिन वह सुनने की स्थिति में नहीं थी। जतिन को अपने चचेरे भाई के फोन आने लगे और बार-बार शामिल

होने के लिए कहा। जतिन ने सांचल से कहा, 'हम इस संबंध में और बात करेंगे। लेकिन, अब आप कृपया घर जाइए"। लेकिन वह नहीं मानी। वह रोती रही।

जतिन के लिए यह एक कठिन फैसला था। उसने सांचल को वैसे ही छोड़ने का फैसला किया जैसे वह थी। जतिन के जाने के बाद सांचल भी घर लौट आयी । जतिन बहुत दुखी हुआ और उसके दिल को समझने वाला कोई नहीं था।

ज्योतिषीय भविष्यवाणी ने दो दिलों को तोड़ दिया, दो दिलों को रुला दिया, एक आपदा को जन्म दिया। जतिन को इसके लिए अंतर्ज्ञान था और इसलिए पिछले चार वर्षों से उस पंडित के पास नहीं गया। ओह! शाम जतिन और सांचल दोनों के लिए आंसुओं से भरी थी। वे असहाय हो गए; वे जातियों की व्यवस्था, ज्योतिष की व्यवस्था के शिकार हो गए। समाज ने अनजाने में दो मासूम प्रेमियों की हत्या कर दी। उनके सपने टुकड़े-टुकड़े हो गए। उनका प्यार भूकंप और सुनामी की तरह हिल गया। कोई आशा नहीं, कोई मुस्कान नहीं, कोई जीवन नहीं। सभी एक वाक्य के साथ गायब हो गए, "अगर तुम इस लड़की से शादी करोगे तो तुम्हारी माँ मर जाएगी"।

जब जतिन ट्यूबरक्लोसिस लैब से पहले एक माइक्रोबायोलॉजी लैब में काम कर रहे थे तो सांचल से मुलाकात और उनके भविष्य के बारे में लंबी चर्चा के अलावा एक छोटी सी घटना घटी। कई बार एक फार्मा प्रतिनिधि श्री सिंह ने माइक्रोबायोलॉजिकल मीडिया और अन्य रसायनों के ऑर्डर लेने के लिए लैब का दौरा किया। एक बार जतिन प्रयोगशाला में अकेला था और शाम हो रही थी। वह लैब बंद करके घर जाने की सोच रहे थे, तभी श्री सिंह आए। जतिन ने सोचा कि अब उसे घर के लिए देर हो जाएगी। लेकिन, जतिन ने बिना किसी परेशानी के उससे बात करना शुरू कर दिया।

उसने जतिन से पूछा, "क्या तुम मेरे बारे में एक रहस्य जानते हो?" जतिन हैरान था। उसने उत्तर दिया, "क्या रहस्य?"। श्री सिंह ने कहा कि उनकी 3 पत्नियां थीं। जतिन चौंक गया और पूछा, "आप एक ही समय में 3 पत्नियों का प्रबंधन कैसे कर रहे हैं?"। उन्होंने समझाया कि वह

अंकशास्त्र में विश्वास करते हैं और मूल बातें जानते हैं।

"तो अंक ज्योतिष और तीन पत्नियों के बीच क्या संबंध है? कृपया मुझे भी सीखने दें।"

श्री सिंह ने आगे बताया, “आपकी जन्मतिथि जो भी हो, तारीख में अंकों को जोड़ दें। यदि यह उदाहरण के लिए नौ है और फिर जीवन में सब कुछ उस समय के आसपास होगा जब संख्याएँ 3, 6 या 9 तक जुड़ जाती हैं।

जतिन ने तुरंत अपनी जन्मतिथि जोड़ दी - वह 27 जून थी। तो उसकी संख्या 2+7=9 थी। अब जीवन में सब कुछ 3,6 और 9 के करीब होगा। जैसे जब वह 27 साल का हो जाएगा तो उसे कुछ मिलेगा, 29 फिर कुछ और 33,36...आदि। जतिन ने अपनी उम्र और प्राप्त उपलब्धियों के साथ पुनर्गणना की और उसे आश्चर्य था यह सही था।

श्री सिंह ने फिर अपनी 3 पत्नियों की कहानी सुनाई। उसने कहा कि पहले जब वह लखनऊ में था तो उसने अपने माता-पिता की पसंद से शादी की, फिर जब वह मुंबई में हेड ऑफिस में था तो उसने दूसरी बार मुंबई की एक लड़की से शादी की और जब उसने नागपुर में बसने का फैसला किया तो उसने शादी कर ली। एक तीसरी लड़की। उन सभी के बच्चे थे और जब भी उन्हें उस शहर में जाने का मौका मिलता वह उनसे मिलते। श्री सिंह एक अच्छे प्रबंधन कर्मी होने के लिए सलामी के पात्र थे !

अंकशास्त्र ने जतिन के जीवन में भी अपना खेल शुरू किया जब वह 29 वर्ष की आयु प्राप्त कर चुके थे। हाल ही में ज्योतिष की आपदा के कारण उनके जीवन में एक दुखद शून्य है। जतिन जब भी तनाव में उदास होता तो उसे पास की नदी में जाने की आदत हो जाती थी। कन्हन नदी के तट पर एक महादेव घाट है जहाँ अगले दिन शाम को जतिन अपने काम से मुक्त होने के बाद गए थे। वह 4 घंटे तक अकेले बैठा रहा, गहराई से सोचता रहा, विश्लेषण करता रहा और पूछता रहा कि वह अपने आप में कहां गलत है। वह सोच रहा था कि उसने माता-पिता की मंजूरी के बाद ही शादी की शर्त क्यों रखी?

इतनी कठिन स्थिति का कारण उसकी अपनी बहन का असफल प्रेम विवाह था। जतिन के प्रेम प्रसंग में आने से पहले वह बिना किसी सूचना के घर से निकल गई। उस दिन जतिन ने रेलवे स्टेशन, बस स्टैंड और अन्य जगहों पर उसकी तलाश की। यह पूरे परिवार के लिए एक दुखद दिन था।

जतिन का मत था कि विवाह केवल दो व्यक्तियों का नहीं बल्कि दो परिवारों का संबंध है। मनुष्य एक सामाजिक प्राणी है और इसलिए विवाह एक सामाजिक बंधन है। जब आप बड़ों के आशीर्वाद से शादी करते हैं तो उनका आशीर्वाद आपको खुशी के अगले स्तर पर ले जाता है। अन्यथा, आप खुश नहीं हो सकते। लेकिन यहां सांचल को अपने माता-पिता से सहमति नहीं मिल पा रही है। उसने जतिन को पंडित के पास भेजकर एक और बाधा भी खड़ी कर दी है।

पंडित ने वह घटिया वाक्य क्यों बताया? रुको, रुको, रुको ... रहस्य सुलझ गया। वह स्वयं एक महाराष्ट्रीयन ब्राह्मण थे और जन्मकुंडली से वह समझते हैं कि लड़की भी उसी की जाति की है और वह यह भी नहीं चाहता था कि उसकी जाति की लड़की जाति के बाहर विवाह करे। ओह! जतिन को मिला जवाब; उसका चेहरा आँसुओं से पूरी तरह भीगा हुआ था। उसकी आँखें लाल हो गईं और उसने निर्णय लिया कि आगे क्या करना है? उसे अभी करना है।

उन्होंने घर लौटकर शर्मा सिस्टर को फोन किया। उसने उसे सांचल को बुलाने और अपने घर आमंत्रित करने के लिए कहा। वह अपनी मां के साथ सांचल से मिलना चाहता था। शर्मा बहन भी उदास और तनाव में थी क्योंकि सांचल ने उसे फोन किया था और जतिन के बारे में शिकायत की थी।

अब मुलाकात का दिन तय हुआ और जतिन ने अपनी मां को सांचल के बारे में बताया। चूंकि सांचल जतिन के घर कई बार आया था, उसकी मां को उसके बारे में पता था। तय दिन जतिन और उसकी मां शर्मा बहन के घर पहुंचे। सांचल वहां पहले से मौजूद था। जतिन ने बात करना शुरू किया और पंडित और उनके महाराष्ट्रीयन ब्राह्मण सिद्धांत के बारे में सांचल को बताया। उसने यह भी कहा कि उसे पंडित पर भरोसा नहीं

था और वह अब भी उससे शादी करने को तैयार है। उन्होंने कहा कि शुरुआती वादे के अनुसार वह अपनी मां के साथ आए थे और सांचल और शर्मा बहन के सामने वह शादी के लिए उनकी सहमति देगी. मां ने यह भी बताया कि जतिन ने जो कुछ भी किया, उसकी उन्हें परवाह नहीं थी और उन्हें शादी से कोई परेशानी नहीं थी।

जतिन का काम खत्म हो गया है। अब सांचल की बारी है कि वह अपने माता-पिता को इस शादी के लिए राजी करे। उसके सामने यह वाकई बहुत कठिन काम था। जतिन ने उसे बताया कि समय कम चल रहा है और उसे जल्दी करने के लिए कहा क्योंकि केवल समय को मारना किसी के लिए अच्छा नहीं होगा। बैठक जतिन की ओर से एक सकारात्मक संकेत के साथ समाप्त हुई लेकिन सांचल उतना खुश नहीं था।

यह अच्छी तरह से कहा जाता है कि एक बार टूटे हुए प्रेम के धागे को न तोड़ें यदि आप इसे फिर से जोड़ने की कोशिश करेंगे तो यह उतना मजबूत नहीं होगा जितना पहले था।

जतिन के जीवन में एक सन्नाटा छाने लगता है। उदासी का सन्नाटा, गम्भीरता का सन्नाटा, अवसादों के चक्रवातों के आगे सन्नाटा। गंभीरता से कोई उम्मीद नहीं है कि सांचल माता-पिता सहमत होंगे। यही जीवन का असली कड़वा सच है जो अब दोनों को समझ में आ गया है। लेकिन फिर भी सांचल ने अपने माता-पिता को समझाने की पूरी कोशिश की। धीरे-धीरे सांचल और जतिन से उम्मीद खोते हुए समाज के दबाव से ज्यादा उस पर आंतरिक दबाव ने अपना ध्यान भटकाना शुरू कर दिया। जतिन अंदर से पूरी तरह टूट चुका था। वह अपने सिद्धांत पर अडिग हैं और अपने वादे से कभी पीछे नहीं हटे। उसने सांचल के पिता से वादा किया था कि वह उसकी मर्जी के बिना शादी नहीं करेगा। सांचल बिना सहमति के शादी के लिए जबरदस्ती कर रहा था। लेकिन इस प्यार के शुरू होने से पहले ही जतिन ने देख लिया था कि कैसे उनकी बहन की शादी एक आपदा में बदल गई क्योंकि यह बिना माता-पिता की सहमति के हुआ था। उसके परिवार को समाज में इसके कारण कई समस्याएं हुईं। उन्होंने भी अपने जीवन में बहुत से दुख देखे हैं।

आखिरकार उन्होंने अपनी जाति से ही जीवन साथी की तलाश करने का फैसला किया। चूंकि प्यार दिल से होता है जिसमें दो व्यक्ति शामिल होते हैं और विवाह समाज के लिए होते हैं जिसमें कई व्यक्ति जैसे रिश्तेदार, और दोस्त शामिल होते हैं और इसलिए सहमति की आवश्यकता होती है। अब जतिन के लिए व्यावहारिक होने और भावुक न होने का समय है क्योंकि जाति, मांगलिक-गैर-मांगलिक और हाल ही में जोड़े गए कुंडली मिलान के मुद्दे जैसे विभिन्न सामाजिक मुद्दों के कारण पहले ही बहुत समय बर्बाद हो चुका है। सांचल ने भी जतिन पर से अपना भरोसा काफी हद तक खो दिया था। इन सभी परिस्थितियों को देखते हुए जतिन ने अपनी जाति की किसी भी लड़की से शादी करने का फैसला किया। केवल शर्त यह थी कि वह अच्छी दिखने वाली और शिक्षित हो।

जतिन के दोस्त शोबी ने उन्हें सलाह दी थी कि अगर पत्नी अच्छी दिख रही है तो बच्चे भी अच्छे दिखने वाले और प्यारे होंगे। यह तार्किक लग रहा था। इसके अलावा, शोबी को सांचल कभी पसंद नहीं आया। इन सब विचारों को देखते हुए जतिन ने अपने भाई के प्रस्ताव को जतिन की जाति के अविवाहित लड़कों और लड़कियों के समूह का हिस्सा बनने के प्रस्ताव को स्वीकार कर लिया। फिर उसका भाई उसे परिचय सम्मेलन या अपनी जाति की लड़कियों और लड़कों के परिचय सम्मेलन में ले गया। वहां जतिन ने एक लड़की को चुना और उससे और उसके साथ आए उसके रिश्तेदारों से बात की।

चूंकि जतिन एक सरकारी नौकरी में था और दिखने में अच्छा था, वे भी उसे पसंद करते थे और टेलीफोन नंबरों के आदान-प्रदान के साथ, वे घर लौट आए। सांचल को इन नए घटनाक्रम की जानकारी मिली और उसने एक बार जतिन को पीछे हटने और अपने पास आने के लिए मनाने की कोशिश की। जतिन पूरी तरह उदास था और वह उसकी बात सुनने की स्थिति में नहीं था। सांचल कई रात रोया। अंत में स्वीकार किया कि जतिन उसका जीवन साथी नहीं होगा और उसने उसे दिए गए सभी उपहारों की वापसी के साथ उसे तोड़ने के लिए बुलाया। ब्रेक अप का दिन आया और इसे कहानी की शुरुआत में सुनाया गया।

हालांकि ब्रेकअप के बाद वक्त नहीं रुका। शादी की प्रक्रिया शुरू हुई। लड़की का परिवार उसे देखने आया और उसका तिलक किया, शादी की प्रक्रिया शुरू करने की रस्म। जतिन के माता-पिता ने इच्छा से या पसंद से या सामाजिक दबाव से लड़की को उपहार दिए और उस समारोह को पूरा किया। जल्द ही शादी की तारीख तय हो गई और जतिन ने आखिरकार एक नई लड़की के साथ शादी कर ली। शादी के बाद कुछ महीनों तक जतिन का मन नए लोगों, नए रिश्तेदारों में लगा रहा। लेकिन उसके बाद वह केवल सांचल के बारे में ही सोच रहा था। अपने ऑफिस में जब भी उन्हें खाली समय मिलता वह अकेले ही रोते थे और दर्द में कविताएँ लिखने लगते थे।

जिंदगी

काँटों पर दौड़ती ज़िन्दगी
एक उदास गीत की तरह बर्बाद हो रही जिंदगी
मैं उससे ज्यादा प्यार करता था
लेकिन वह किनारे पर चली गई
मैंने अपने स्तर पर पकड़ बनाने की पूरी कोशिश की
लेकिन स्थिति कई गुना बदल गई
हमने अपना प्यार शुरू किया
हमने बड़े मजे से इसका लुत्फ उठाया
कभी-कभी किस्मत कम होती रही
काँटों पर दौड़ती ज़िन्दगी रही
एक उदास गीत की तरह
बर्बाद जिंदगी होती ही रही

****

याद रखना

इस समय से जीवन के अंत तक
सांचल मुझमें रहेगी
जैसे समुद्र के पानी में रेत होती
वेसे मुझमे वो समाती रहेगी
नए लोग आ सकते हैं और जा सकते हैं

नए अवसर आ सकते हैं
सांचल एक और एक ही रहेगी
इस दिल को कभी नहीं भूला
याद उस की हमेशा ताज़ा ही रहेगी

छाया चित्र : श्रद्‌धा भरसाखले द्‌वारा निर्मित

6

कल्याणी

घर से ऑफिस घर की एक ही दिनचर्या से जतिन जिंदगी से ऊब चुके थे। कभी ऑफिस के दौरों पर तो कभी फिर वही जिंदगी। शहर के मंदिर, शहर की सड़कें जहां वह और सांचल घूमते थे, जतिन को उसके साथ के उन अद्भुत दिनों की याद दिलाकर परेशान कर रहे हैं। वह उदास हो गया, डायरी और कविताएँ लिखने लगा। कभी-कभी गहरे आत्मघाती विचार भी आ रहे हैं। लेकिन यह उनके सिद्धांत के खिलाफ है इसलिए उन्होंने जो कुछ भी वास्तविकता थी उसके साथ जीना शुरू कर दिया। सांचल के बर्थडे पर शादी के एक साल बाद जतिन किसी तरह सांचल के कॉलेज जाने में कामयाब रहा, जहां वह पीएचडी कर रही है। वह उसके दोस्तों से मिला और उसके बारे में पूछा। उनमें से एक ने उसे रुकने के लिए कहा और उसे बुलाने चला गया। जतिन एक छोटे से कमरे में बैठ गया, जिसमें कुछ अलमारियाँ थीं जिनमें रसायनों को बोतलों में रखा गया था। कुछ देर बाद सांचल आ गया। उसे देखकर वह चौंक गई। लेकिन, उसने शांति से उससे पूछा, "तुम यहाँ क्यों आए हो?"

जतिन ने उससे कहा कि उसे कुछ रसायनों की जरूरत है। उसने केमिकल का नाम पूछा। "मैं मैलाकाइट ग्रीन की तलाश में हूँ"।

"नहीं। मेरे पास नहीं है", उसने जवाब दिया।

जतिन धीरे से उठ खड़ा हुआ। उनकी आँखें मिली। दोनों की आंखे आंसुओं से भर गयी। जतिन मुड़ा और बिना पीछे देखे रोता हुआ चला

गया।

वह उनकी आखिरी मुलाकात थी।

जतिन ने उसे किसी भी तरह से फोन करने या संपर्क करने की कोशिश नहीं की। यह उनकी स्वयं की लगाई गई सजा थी। उसने उसका दिल तोड़ दिया। उसे दंडित किया जाना था।

जतिन को ब्रोन्कियल अस्थमा हो गया था और उन्हें नियमित रूप से अस्थमा के दौरे पड़ते थे। उसे कुछ आर्थिक नुकसान भी हुआ। उसके लिए जीवित रहने के लिए वर्ष बहुत कठिन हैं। लेकिन उन्होंने उम्मीद नहीं खोई। उन्होंने हार नहीं मानी। उन्होंने अवसाद में आत्महत्या करने के बजाय जीवन की हर बुराई से लड़ाई लड़ी।

उन्होंने नए दोस्तों की तलाश शुरू कर दी, जिन पर वह भरोसा कर सकें। उनकी खोज तब समाप्त हुई जब वे डॉ सोनल से मिले। एनआईएमएच में अपना शोध करने के अलावा, उन्होंने पैरामेडिकल छात्रों के लिए अंशकालिक शिक्षण दिया और वहां उनकी मुलाकात डॉ सोनल से हुई। वह एक व्यापक दिमाग वाली अविवाहित लड़की थी। वह एक सामाजिक रुप से शराब पीने वाली थी और धीरे-धीरे उनकी दोस्ती रेस्तरां और बार के दौरे में बदल गई। उनकी कहानी जारी है और समय दिन-ब-दिन, साल-दर-साल बीत रहा है। उसे दोस्ती से कुछ नहीं मिल रहा है। यह सिर्फ टाइम पास था।

उन्होंने एक दिन अपनी शिक्षिका कल्याणी को मैडम का स्न्पर्क मिला, जिन्होंने उन्हें तब पढ़ाया जब वे बायोकेमिस्ट्री में मास्टर्स कर रहे थे। चंडीगढ़ की रहने वाली कल्याणी मैडम जतिन से प्रभावित हुईं और वे नियमित रूप से विभिन्न विषयों पर बात करने लगे। जल्द ही वे एक-दूसरे के साथ गहराई से जुड़ गए और हर दिन कम से कम एक घंटे तक फोन पर बात करते रहे। उसने उसे एक नई नौकरी की तलाश करने के लिए प्रेरित किया और उसे नई ऊर्जा से भर दिया। जतिन की पत्नी को उस पर शक होने लगा लेकिन फिर भी जतिन कल्याणी मैडम को बुलाता था। उसने उसे नौकरी के लिए आवेदन करते समय सेल्फ-शॉर्टलिस्टिंग की अपनी आदत को रोकने के लिए कहा और उसे फिर से स्थान के लिए खुले दिमाग रखने के लिए कहा। वह भी जतिन को पसंद करने लगी थी।

एक बार में नखतराणा के दौरे के दौरान, जतिन बहुत भावुक हो गए और सांचल से बात करने की इच्छा जताई। उसका दोस्त उमेश किसी तरह उसका नंबर लेने में कामयाब रहा और आखिरकार जतिन ने उसे फोन किया। उसकी आवाज सुनकर उसने उसे फिर से फोन न करने और अपना फोन नीचे रखने के लिए कहा। सांचल ने भी जतिन की शादी के दो साल बाद शादी की थी और पुणे में अपने पति के साथ रह रही थी। इस तरह आखिरकार सब कुछ खत्म हो गया। सामाजिक समस्याओं के कारण दो दिल टूट गए।

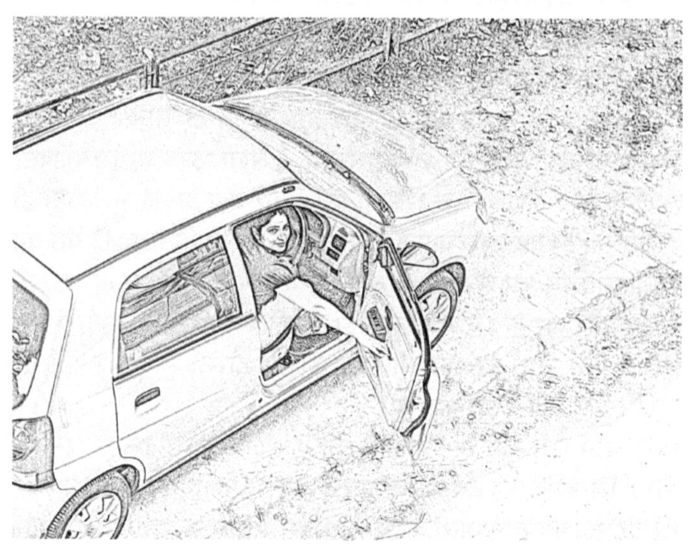

कल्याणी मैडम

7

लेखक के विचार

हम भारत में विवाह केंद्रित समाज में रह रहे हैं। यहां मध्यम वर्ग या सभी का पूरा जीवन शादी और संबंधित मामलों के इर्द-गिर्द घूमता रहा। विवाह समारोहों से जुड़ा कारोबार करोड़ों डॉलर के कारोबार में है। जब कोई बच्चा बड़ा हो जाता है और कमाता है तो समाज में हर कोई उसकी शादी के बारे में पूछने लगता है। अगर शादी तय और हो गई है तो ठीक है अन्यथा माता-पिता और बेटे/बेटी को शादी क्यों नहीं हो रही है, इस बारे में सवालों की झड़ी लगानी पड़ती है? माता-पिता और होने वाले दूल्हा और दुल्हन इस सवाल के कारण पीड़ित हैं कि वे 24×7 शादी के तनाव को लेकर शुरू करते हैं।

अगर शादी को अंजाम दिया जाता है तो कोई सोच सकता है कि समस्या सुलझ गई है लेकिन यह बड़ी नहीं है, यह अगली समस्या की शुरुआत है। अब सवाल बदल गए हैं कि बच्चे को गर्भ क्यों नहीं? तो विवाह समाज संचालित होते हैं और समाज की आसानी के लिए होते हैं। अगर कोई शादी नहीं करने का फैसला करता है तो यह भारत में आजादी का हिस्सा नहीं है। समाज अविवाहित व्यक्ति को अजीब निगाहों से देखेगा। शादी के बाद पत्नी भी सोचती है कि मेरी शादी हो गई है अब मैं पति पर राज कर सकती हूं और पति भी कई मामलों में ऐसा ही सोचता है। लेकिन वे दोनों यह भूल गए कि शादी का मतलब हमेशा एक दूसरे का आधा होल्डर भरा नहीं होता। एक ने शादी कर ली इसका मतलब यह

नहीं है कि वह अपने हर काम के लिए जवाबदेह है। आज़ादी से जीना हर किसी का मौलिक अधिकार है और जीने का यह अधिकार किसी को भी छीनने का अधिकार नहीं है. लंबे समय के रिश्ते के बाद जब समझ गायब हो गई और अगर पति-पत्नी को लगने लगे कि हम हमेशा एक-दूसरे के साथ रहेंगे और समय के साथ यह विचार और मजबूत होता जाएगा तो यह रिश्ते का गलत रास्ता है क्योंकि कोई नहीं कर सकता उसके जीवन की भविष्यवाणी करें तो दूसरों की भविष्यवाणी निश्चित रूप से एक रात की घोड़ी है। यौन संबंध पति-पत्नी के रिश्ते का हिस्सा है, यह जरूरत आधारित चीज है और प्रेम आधारित कम है, लोगों को रोटी-कपड़ा-माकन (चपाती-कपड़े-घर) की आवश्यकता होती है क्योंकि उस सूची में उनकी आवश्यकता सेक्स भी एक अतिरिक्त है। क्योंकि मेरे विचार में सेक्स एक विशेष व्यक्ति के लिए प्यार का केंद्रीकरण है, यहाँ पति और पत्नी का कहना है। 1960-1970 के दशक में समाज में एक अनकहा नियम है कि दुल्हन को दूल्हे से 7-10 साल छोटा होना चाहिए, जिसका वैज्ञानिक आधार है क्योंकि दुल्हन को 45 साल की उम्र में रजोनिवृत्ति होती है जबकि पुरुष 60 के दशक तक यौन सक्रिय रहते हैं। इस अंतर को विवाहित जोड़ों के बीच रखा गया था।

लेकिन आजकल शादी के वर्षों का अंतर औसतन 1-2 साल तक कम हो गया है और इससे जीवन के बाद के चरणों में समस्याएँ पैदा होती हैं। अतः विवाह केन्द्रित समाज की प्रार्थना न करें जो विवाहित नहीं हैं कृपया आँख बंद करके शादी से पहले दो बार सोचें और जो विवाहित हैं वे भी आँखें बंद करके देखें कि लेख उनकी समस्याओं का समाधान कर रहा है। मुझे मत बताओ, क्योंकि आपसी समझ से शादी की समस्याओं को हल किया जा सकता है, कुछ आत्म-संयम रखते हुए, भागीदारों के जीवन में ज्यादा हस्तक्षेप न करें क्योंकि उसने शादी की है लेकिन जीवन कैदी नहीं है। इतनी सरल सोच को न समझने और एक दूसरे का सहयोग न करने के कारण कई शादियां टूट रही हैं।

जैसा कि हम जानते हैं कि पृथ्वी पर कई धर्म मौजूद हैं। विश्व स्तर पर कई धर्मों में से तीन प्रमुख ईसाई, मुस्लिम और हिंदू हैं। इन सभी धर्मों में कई अंतर हैं लेकिन एक सामान्य बात यह है कि ईश्वर एक

प्रकाश है और सर्वशक्तिमान ईश्वर के बच्चे मनुष्य हैं। आइए पहले ईसाइयों के बारे में देखें, ईसा मसीह ने कभी नहीं बताया कि वे ईश्वर हैं लेकिन उन्हें ईश्वर का पुत्र माना जाता था जो कि एक प्रकाश है, जबकि मुस्लिमों में भी अल्लाह पाक को प्रकाश माना जाता है और जबकि हिंदू धर्म की उत्पत्ति माना जाता है। (ओ) ओम प्रकाश के पीछे आ रहा है (ओ) तो इन बिंदुओं पर कमोबेश हम सभी कॉमन फैक्टर आए हैं।

अब यदि आप उपरोक्त पैराग्राफ पर सहमत हैं तो कृपया भगवान से जुड़ने की दूसरी विधि पर जाएं। जैसा कि हम सभी मनुष्यों के पास भाषाओं के माध्यम से संचार करने की शक्ति है। लेकिन अगर हम सोचते हैं कि भगवान भी हमारी भाषा को समझ रहे हैं तो इसका उत्तर है नहीं। क्योंकि ऐसी कई भाषाएं हैं जो एक बार में सीखी नहीं जा सकतीं। लेकिन जानवरों, पौधों और इंसान के बीच एक ऐसी भाषा है जिसे सभी समझ सकते हैं कि भाषा भावनाओं की है। पशु पौधे और सभी भावनाओं को या तो प्यार या नफरत का न्याय कर सकते हैं। भगवान भी हमारी भावनाओं को ले जा रहे हैं, और हम जो भी वाइब्स भगवान को चित्रित करते हैं, वही अधिक बढ़ने के बाद हम तक पहुंचे। आइए इसे समझते हैं, यदि हम पिछले 300 वर्षों का सर्वेक्षण करें तो हम देख सकते हैं कि वर्तमान में अधिकतम प्रतिशत अमीर अमीर हैं और अधिकतम प्रतिशत गरीब आज गरीब हो गए हैं। ऐसा इसलिए है क्योंकि अमीर भगवान को खुश और संतोषजनक तरीके से याद करते हैं जिससे उनकी खुशी और संतुष्टि बढ़ जाती है। लेकिन ग़रीब और दर्द में याद रखने वाले दर्द और ग़म की भावना में एक ही बात और बढ़ा देंगे। तो, पहली चीज जो आपको चाहिए वह है एक दिन में अधिकतम समय खुश रहना ताकि किसी को पता न चले कि आपकी भावना कब भगवान से जुड़ रही है और वह उस भावना को बढ़ा देगा।

आइए एक प्रयोग भी करें, ईश्वर के अस्तित्व की अनुभूति के लिए, क्योंकि व्यावहारिक अनुभव के बिना भरोसा करना हमारी आदत नहीं है।

एक अच्छा दिन अगर आप किसी काम से घर से आए हैं, तो सूरज अधिक चमक रहा है और आपको सूरज की गर्मी महसूस हुई, अब एक

विचार होगा कि आपको ओह! बहुत गर्मी इसकी मुझे जला रही है, यह मेरे लिए बुरा है। सूर्य एक ही समय में अधिक तेज और अधिक गर्म हो जाएगा। यदि आपने विचार कम कर दिया और सोचा ओह! अच्छा यह गर्मी मेरे लिए अच्छी है, सूर्य ने हमें ऊर्जा दी है और सूर्य द्वारा प्रकाश प्रकाश संश्लेषण के लिए पौधों के लिए उपयोगी है और हम इससे भोजन प्राप्त कर रहे हैं। प्रभाव देखें उसी समय सूर्य आपके लिए नरम हो जाएगा। आप विचारों के स्पंदन भेजते हैं और उसी के अनुसार प्रकृति ने आपको प्रतिक्रिया दी है। इसलिए किसी भी चीज को प्रकृति में फेंकने से पहले दो बार सोच लें क्योंकि वह आपके पास कई गुना प्रभाव लेकर आएगी। आज हम समुद्र में फेंके गए कचरे और कैंसर जैसी कई बीमारियों के रूप में हमारे पास वापस आने की समस्याओं का सामना कर रहे हैं। जीवन चर्चा का एक जटिल विषय है। लेकिन मैं अपने विचारों में इस पर चर्चा करने का साहस कर रहा हूं। सबसे पहले हमें यह समझना होगा कि जीवन व्यक्ति की यात्रा है। समझने के लिए मैं एक उदाहरण दे रहा हूं, अगर मुझे दिल्ली से मुंबई जाना है तो मैं ट्रेन में चढ़ता हूं और सीट बुक करता हूं, तो मेरे डिब्बे में साथी यात्री (उसके परिवार के सदस्य) शामिल हुए, पड़ोस के कार्यालय के सहयोगी एक ही कोच में हैं और समाज है एक ही ट्रेन में। मुझे उनके स्टॉप पर छोड़ने के लिए यात्रा करने के लिए हर शरीर के पास मेरे साथ अलग-अलग समय होता है।

यहां एक बात हमें ध्यान रखनी चाहिए कि यात्रा में पति-पत्नी सह-यात्री होते हैं और वे सीटों की अदला-बदली नहीं कर सकते। उनके स्टॉप अलग हो सकते हैं (जीवन प्रत्याशा हर एक के लिए अलग है) लेकिन उन्हें लगता है कि यह वही है। इसलिए कोई भी निर्णय लेता है, जो भी कार्य करता है, उसके लिए वह अकेले जिम्मेदार होता है, कोई अन्य व्यक्ति जिम्मेदार नहीं होता है।

हमारा उद्देश्य शांतिपूर्ण यात्रा होना चाहिए और उन कार्यों पर कार्य करना चाहिए जो आपको खुशी देते हैं, यदि आप अपने मुस्कुराते हुए फूल से खुश हैं और एक अच्छा मुस्कुराता हुआ फूल पूरे बगीचे में आकर्षण पैदा कर सकता है। माता-पिता सोचते हैं कि वे अपने बच्चों के लिए सब कुछ कर रहे हैं जबकि जब बच्चे बड़े होते हैं तो वे बूढ़े माता-

पिता के लिए भी ऐसा ही सोचते हैं, लेकिन याद रखें कि कोई भी शरीर दूसरों के लिए कुछ नहीं करता है, वे सभी अपने लिए करते हैं। यदि आप समृद्धि फैलाते हैं तो आप निश्चित रूप से समृद्ध बनते हैं। हमारे अंदर एक दिमाग है जिसे हिंदी में "आदमी" कहा जाता है जो आपको हमेशा आपके सामने आने वाली कठिन परिस्थितियों के बारे में बताता है जो या तो स्वास्थ्य समस्याएं, वित्तीय समस्याएं या अन्य प्रकार की होती हैं। लेकिन अगर हम उस आंतरिक आवाज को नजरअंदाज करते हैं तो हम बाद में हमारे लिए परेशानी की स्थिति पैदा कर देते हैं। इसलिए शांति से बैठें, आंखें बंद करें और सुनें कि आपका अंतरात्मा आपसे क्या कहना चाहता है। इसका अभ्यास करें तभी आप पहले अपने साथ जुड़ेंगे।

आपकी उपस्थिति महत्वपूर्ण है लेकिन दूसरों को यह महसूस करने के लिए कि यह वास्तव में महत्वपूर्ण है, आपको खुद को जोड़ने की जरूरत है। हर बार समस्या बड़ी हो जाती है, यदि आप समस्याओं पर अधिक से अधिक बोलते हैं। क्योंकि इसका नियम "जिसकी आप अधिक परवाह करते हैं वह बड़ा हो जाता है" - चाहे बच्चे हों या समस्याएँ या चिंताएँ।

तो चुनाव आपका है कि कौन सी चीज समस्या या चिंता या व्यक्ति है जिसे आप अपने जीवन में बड़ा बनाना चाहते हैं। इसलिए उनका ज्यादा ख्याल रखें। हमारे देश में हर मध्यम वर्ग और उच्च मध्यम वर्ग सोच रहा है कि अगर बच्चे ने 10+2 में विज्ञान लिया है तो उसे इंजीनियरिंग सीट की मेडिकल सीट के लिए प्रतियोगी परीक्षा देनी होगी। हो सकता है कि 10-15% माता-पिता ऐसा न सोचें लेकिन अधिकतम प्रतिशत इंजीनियरिंग सीटों की मेडिकल सीटों के लिए दौड़ रही भीड़ का हिस्सा है। कई माता-पिता इन दो पाठ्यक्रमों में पेड सीट पर प्रवेश लेते हैं और कॉलेज चलाने वाले राजनेता की जेब भरते हैं। यहां एक गंभीर सवाल यह है कि हम इतने भीड़-भाड़ वाले कर्मचारी क्यों हैं? हमें विज्ञान और प्रौद्योगिकी में अन्य करियर विकल्प क्यों नहीं दिखाई दिए? शिक्षित होने वाले माता-पिता में विज्ञान और प्रौद्योगिकी के नवीनतम विकास के बारे में जागरूकता की कमी है। आर्टिफिशियल इंटेलिजेंस, डेटा साइंस, रोबोटिक्स, बायो-मेडिकल, बायो-फिजिक्स,

इंटरडिसिप्लिनरी साइंसेज को वर्तमान में विकसित करने की आवश्यकता है। एम्स, नई दिल्ली और अन्य चिकित्सा संस्थानों द्वारा संचालित पैरामेडिक्स में कम प्रतिस्पर्धा वाले अधिक रोजगार के अवसर हैं, इसलिए अपने विचारों की दिशा को नए क्षेत्र में बदलने दें। जब हम माता-पिता अपने बच्चे को नए पाठ्यक्रम सुझाते हैं तो उसके पास बेहतर विकल्प उपलब्ध होंगे। हिंदी में एक प्रसिद्ध उद्धरण है "सपूत कहे धन संचय रखो, कपट कहे धन संचय करो" जिसका शाब्दिक अर्थ है कि यदि बच्चा अच्छा व्यवहार करने वाला व्यक्ति है तो ज्यादा पैसे बचाने की जरूरत नहीं है और अगर बच्चा बुरा व्यवहार करने वाला व्यक्ति है तो उसे बचाने की भी जरूरत नहीं है। बहुत धन। हमें आज में जीना शुरू करना चाहिए, वर्तमान में इस समय के इस पल में खुशी से, यह हमारे एक सुखद भविष्य को सुनिश्चित करेगा। भारत और विदेशों में कई स्कॉलरशिप और फेलोशिप उपलब्ध हैं, इसलिए केवल एक चीज की जरूरत है जागरूकता, मजबूत खोज और खोज के लिए समर्पण। आइए अपने बच्चों को पैसे कमाने की मशीन के बजाय एक बेहतर नागरिक बनाएं। यह समय हम सभी के लिए महत्वपूर्ण है क्योंकि कोविड -19 अभी भी समाज में बना हुआ है। कोविड-19 से हर कोई डरा हुआ है। कोविड-19 के लिए निर्धारित सावधानियों यानि हैंड वॉश, मास्क और सोशल डिस्टेंसिंग के अलावा निम्नलिखित आध्यात्मिकता का भी पालन करने की आवश्यकता है। जैसा कि आप जानते हैं कि इंसान जानवरों के शीर्ष पर है और उसके पास सोचने के लिए दिमाग है, संवाद करने के लिए भाषाएं हैं और लिखने की शक्ति है। ये सभी शक्तिशाली वस्तुएं हमें अधिक टिकाऊ बनाती हैं। पर्यावरण में अच्छे वाइब्स जारी करने के लिए शक्ति का उपयोग करें और जैसा कि आप जानते हैं कि आप जो कुछ भी छोड़ते हैं वह आपको वापस मिलता है। इसलिए गायत्री मंत्र, महामृत्युंजय मंत्र जैसे अच्छे मंत्रों का जाप करें ताकि पूरी दुनिया को फायदा हो। अन्य साथी मनुष्यों के बीच भाईचारे का जहाज फैलाएं। सही खाओ, समय पर खाओ, कम खाओ, अच्छा खाओ खुश रहने का सबसे अच्छा सिद्धांत है।

हमेशा खुद को खुश रखने की कोशिश करें और किसी भी प्रकार के तनाव या संकट में न आएं। जीवन समस्याओं से भरा है और हमें समाधान के साथ आने की जरूरत है न कि समस्या की उत्पत्ति का हिस्सा। हर कोई आभासी दुनिया में व्यस्त है और आस-पास की छोटी-छोटी घटनाओं को खो देता है जैसे कि तितली के पंख हिलना, मधुमक्खी का घूमना, फूल सभी में खुशबू फैलाना।

जीवन का निश्चित लक्ष्य तय करने की जरूरत है, वह टिकाऊ हो, पर्यावरण के अनुकूल हो। पर्यावरण के संबंध में लक्ष्य निर्धारित करने की आवश्यकता है। हमारे बच्चे को नियंत्रक के रूप में नहीं बल्कि पर्यवेक्षक के रूप में हमारी जरूरत है इसलिए हर रिश्ते में पतली रेखा को पार न करें।सभी स्वतंत्र पक्षी हैं और सभी को चुनने और निर्णय लेने की छूट है। यदि आप अधिक से अधिक स्क्रीन देखते हैं तो संभव है कि आंखें कमजोर और शुष्क हो जाएं। इसलिए स्क्रीन से बहुत दूर देखना चुनें। हरियाली देखने के लिए चुना।जीवन छोटा है क्योंकि आधा जीवन सोने पर खर्च होता है, बाकी आधे में कार्यालय / स्कूल आदि काम होते हैं इसलिए दोस्तों और संगीत के साथ बिताने के लिए बहुत कम समय होता है। कार्य करने से पहले सोचें और सोचने से पहले कार्य न करें।

मन सदैव कविताओं में रमता रहा है। कविताएं मानव मन को न केवल लुभाती हैं बल्कि मानवीय भावनाओं को प्रेरित भी करती हैं। कविताओं में यदि विज्ञान का समावेश भी हो सोने पर सुहागा का काम करता है। सचिन चन्द्रकुमार नरवडिया रचित " विज्ञान यात्रा -विज्ञान कविताओं का संग्रह" इसी दिशा में सराहनीय प्रयास है। विज्ञान संचार को समर्पित राष्ट्रीय संस्थान विज्ञान प्रसार में वैज्ञानिक के पद पर कार्यरत सचिन नरवडिया पिछले एक दशक से विज्ञान के प्रचार—प्रसार में संलग्न है। उनकी यह पुस्तक उनके अनुभवों से प्रेरित एवं जनमानस में विज्ञान के प्रसार की आवश्यकताओं को पूरा करने का अच्छा प्रयास है। विज्ञान कविताओं के इस संग्रह में 72 कविताएं हैं जो विभिन्न विषयों जैसे जलवायु परिवर्तन, पर्यावरण, रसायन विज्ञान, विभिन्न बीमारियों, मसालों को समेटे हुए हैं। इस पुस्तक को पेंसिकल से बने सुंदर चित्र आकर्षक बनाते हैं। चित्रों के माध्यम से कविताओं के भावों को सुंदरता से

उकेरा गया है। काव्य संग्रह के छाया चित्र श्रीमती सुषमा ताम्रकार और कुमारी अद्विका वैद्य ने बनाया हैं। पुस्तक की पेज मेंकिंग पुस्तक का आकर्षक बनाती है। पुस्तक को इस लिंक पर जाकर खरीदा जा सकता है| पुस्तक की कीमत 225 रुपए है पर छूट का कोड COUPON के उपयोग से यह सिर्फ 138 रुपए में उपलब्ध है। यह पुस्तक सभी उम्र वर्ग के लोगों के लिए है। ऐसी विज्ञान कविताओं के रसास्वादन सभी को आनंद देगा तथा ज्ञान वर्धन भी करेगा

9 798886 295498

Printed by Libri Plureos GmbH in Hamburg, Germany